ESSAI
MÉDICO-PHILOSOPHIQUE

SUR

LA DOULEUR MORALE,

Par le docteur M. A. BIDART,

Membre de la Société de Médecine pratique de Paris, de la Société royale de Médecine de Bordeaux, de l'Académie d'Industrie Française, de l'Académie royale de Médecine de Madrid, de la Société des Sciences Médicales et Naturelles de Bruxelles, de la Société royale des Sciences et des Arts de Lill, de celle de Boulogne-sur-Mer, etc., etc.

> ......nullum tot animalium aliud ad lacrymas, et has protinus vitæ principio (Plinii, lib. 7).
>
> De tant d'êtres vivants, nul autre (que l'homme) n'est destiné à répandre plus de larmes, et ces larmes commencent avec sa vie.

MDCCCLX.

ESSAI

MÉDICO-PHILOSOPHIQUE

SUR

LA DOULEUR MORALE,

Par le docteur M. A. BIDART,

Membre de la Société de Médecine pratique de Paris, de la Société royale de Médecine de Bordeaux, de l'Académie d'Industrie Française, de l'Académie royale de Médecine de Madrid, de la Société des Sciences Médicales et Naturelles de Bruxelles, de la Société royale des Sciences et des Arts de Lille, de celle de Boulogne-sur-Mer, etc., etc.

......nullum tot animalium aliud ad lacrymas, et has protinus vitæ principio (Plinii, lib. 7).

De tant d'êtres vivants, nul autre (que l'homme) n'est destiné à répandre plus de larmes, et ces larmes commencent avec sa vie.

MDCCCLX.

SAINT-POL. — IMPRIMERIE DE A. THOMAS.

ESSAI MEDICO-PHILOSOPHIQUE

SUR

LA DOULEUR MORALE.

Quels que soient les points du globe qu'il habite, l'homme qu'une éducation funeste n'a point défiguré, porte toujours le sceau de sa condition primitive. Partout, il est non seulement muscles, nerfs, membranes, etc., mais encore âme, bienveillance, amitié, amour paternel, etc.; partout son instabilité et celle du milieu qui l'entoure, varient à chaque instant les dispositions de sa sphère sensitive, modifient ses rapports avec lui-même et les objets extérieurs, et sa sensibilité morale, où viennent se peindre toutes les agitations de la vie, lui reflète aussi bien la douleur que le plaisir. Cependant depuis son berceau jusqu'à sa tombe, il s'agite en tous sens pour conquérir le bonheur; il demande sans cesse à ses organes et aux agens qui l'environnent quelques momens de félicité si parcimonieusement semés sur ses pas; il voudrait convertir en jouissances toutes les sensations qui l'assiègent et n'ouvrir son âme qu'aux émotions agréables. Mais telle est la fragilité de tout ce qui tient à son être, qu'il ne peut goûter longtemps les charmes attachés à son existence sans que de fâcheuses vicissitudes n'en altèrent plus ou moins souvent la sérénité, sans que les peines du cœur auxquelles le prédisposent la nature de son organisation et sa position sociale, ne viennent le surprendre même au sein de ses plus douces espérances. Ainsi la douleur morale s'appesantit sur toutes les têtes humaines, sans distinction de rang, de fortune, de naissance : s'il est quelques individus privilégiés dont elle trouble rarement la carrière, combien d'autres en sont, hélas! trop longuement abreuvés! et c'est alors qu'accablés sous le poids de l'infortune, tous acquièrent bientôt la triste certitude qu'il est de leur essence de souffrir et que cette dure nécessité de notre être se joue presque toujours des plus sages prévisions de la prophylactique. Oui, si l'homme destiné à de cuisants chagrins, savait avant de naître ceux qui doivent faire de ses jours un long et malheureux drame, il s'empresserait, sans doute, de refuser l'existence. « Laissez-moi, dirait-il, dans la paix du néant dont vous voulez me tirer ; au moins, insensible que j'y suis, je n'y puis souffrir, et la vie que vous me proposez me serait bien amère puisqu'elle doit être marquée par la douleur; quelques lueurs fugitives d'espoir ou de bonheur pourraient-elles jamais compenser les pénibles tortures que le sort me prépare!»

Mais les souffrances morales, si tristement fécondes en maux de toute espèce, en maux qui compromettent souvent la santé et la vie, n'ont pas toujours d'aussi funestes résultats : disons même qu'elles sont parfois évidemment utiles. En effet, ne les voit-on pas, imprimant une secousse profonde à l'organisme, prévenir ou faire disparaître des accès de goutte, d'épilepsie, de fièvre intermittente, etc.? et qui n'a observé que, par des agressions successives et modérées, elles jouissent de la prérogative de tremper notre caractère, de nous rendre ainsi moins sensibles à leurs attaques ultérieures, de faire mieux ressortir nos jouissances morales et même d'ajouter à leur vivacité? Et, d'une autre part, qui ne sait que les malheurs instruisent et rapprochent les hommes que leur position, les inégalités de fortune, l'antipathie, la haine ou le ressentiment avaient fâcheusement divisés? Qui ne sait que les blessures de l'âme servent quelquefois merveilleusement à épurer cette belle partie de nous-mêmes, à la rendre à sa dignité première lorsque les empiétemens du vice l'en ont accidentellement éloignée, et qu'alors ces commotions plus ou moins violentes de la vie humaine, envisagées sous le point de vue philosophique, se résument toujours en une transition convulsive, mais salutaire, entre des aberrations morales qui s'affaiblissent ou s'éteignent, et un heureux retour aux sentimens normaux dont nous étions primitivement gratifiés? Or, tous les temps anciens et modernes ne nous offrent-ils pas l'histoire de beaucoup d'hommes remarquables et même célèbres d'abord par les dépravations les plus hideuses, et qui, passés au creuset de la douleur, le sont devenus ensuite par leurs vertus.

Mais essayons de déterminer les conditions psychologiques générales qui concourent le plus souvent à la production de la douleur morale; d'analyser les principaux traits qui la caractérisent et les différents états morbides qui en sont quelquefois les fâcheux résultats.

Et d'abord, pour l'intelligence de ce que nous avons à dire dans ce mémoire, rappelons ici quelques particularités relatives au moral de l'homme et qui se lient étroitement au sujet qui nous occupe.

Les facultés de l'âme (1) sur la nature desquelles ont tant et si vainement disserté les philosophes, les idéologues et les moralistes, qui, comme toutes les causes premières, constituent un ordre de faits inconnus, insaisissables et conséquemment au-dessus de toute conception humaine, qui ne se révèlent enfin à notre observation que par des phénomènes secondaires plus ou moins saillants et nés de leurs rapports avec ce qui

(1) Par *facultés de l'âme, morales, primitives*, etc., nous voulons désigner les propriétés exclusives de l'âme, ses différentes manières d'être affectée et de réagir, et aucunement les agens matériels qui la servent.

les entoure, nos facultés morales, dis-je, ont dû nécessairement échapper et échapperont probablement toujours à toutes les théories ayant pour but d'en dévoiler l'essence. Mais quelle que soit notre ignorance à cet égard, il n'en est pas moins vrai que ces nobles et brillants attributs de notre être, préexistent et survivent à notre substance corporelle avec laquelle ils entretiennent des rapports temporaires qui nous donnent la mesure de leur sublime puissance. Par un enchaînement mystérieux avec l'enchéphale, et pendant tout le temps de son concours à la vie morale et matérielle, l'âme se sert de ce viscère tel qu'elle le trouve, jeune, vieux, énergique, faible, etc., mais avec des chances de manifestations diverses ; aussi, prise dans l'ensemble des mouvemens organiques qui la traduisent à nos sens et au point de vue de ses liaisons avec nos tissus vivants, elle offre toujours, alors, trois phases distinctes qui nous paraissent dessiner et comprendre son existence : dans la première, on la voit en quelque sorte naître, s'accroître et grandir encore ; dans la seconde, atteindre un summum de vigueur qu'elle ne dépasse plus ; et dans la troisième, perdre progressivement de cette force active et incliner enfin vers la décrépitude.

Parmi les différents points cérébraux destinés à lui apporter les sensations et à transmettre ses impulsions, les uns ont souvent plus d'aptitude que les autres à l'exécution de ces actes, et cela en vertu de conditions d'organisation plus ou moins parfaites; de là, pour nous, l'unique raison de la prédominance et de la faiblesse relatives et seulement apparentes des facultés primitives qui, au fond, sont toutes identiques et également actives (1) : on sait qu'il est une foule d'individus qui ne vivent, pour ainsi dire, que par l'une ou l'autre d'entr'elles, et notons ici que, chez eux, l'analogie de cette disposition nous parait être l'une des causes les plus puissantes des sympathies morales; or, assistez à une réunion nombreuse ; analysez avec soin les diverses conditions psychologiques des personnes qui la composent et y font saillir leurs sentimens et vous verrez toujours des rapports plus ou moins intimes s'établir entre celles qui offrent les mêmes facultés prédominantes.

Cependant quels que soient le nombre, la nature et le siège positif des parties du cerveau en rapport avec nos facultés primitives, il est d'observation que celles-ci ne concourent pas toutes en même temps à la vie intellectuelle et affective : si quelques-unes, comme celle de l'amitié, l'instinct de conservation, etc., se montrent pendant presque toute la durée de l'existence humaine, plusieurs autres, telles que l'amour paternel, conjugal, etc., n'apparaissent qu'à un âge plus ou moins avancé ; de façon que l'homme moral, considéré à diverses époques

---

(1) De là, aussi, l'erreur des phrénologistes qui, exclusivement préoccupés de l'organisation du cerveau, et confondant la cause avec l'effet, ont été amenés à matérialiser les facultés de l'âme dont nous admettons la doctrine telle que la révélation nous l'a transmise.

de sa vie, se revêt d'attributs successivement nouveaux et offre ainsi des différences remarquables.

Contrairement à ce qui se passe dans la *vie nutritive* ou *assimilatrice*, ces mêmes facultés ne s'exercent jamais simultanément et subissent la loi commune à tous les actes de la *vie* de *relation*, l'intermittence d'action. Aussitôt que l'une d'elles entre en exercice, les autres se livrent à un repos plus ou moins prolongé, quelle que soit d'ailleurs l'énergie qui les anime: la mère héroïque qui se jette devant le lion de Florence pour lui demander son enfant, fait taire tout instinct de conservation ou de la défense de soi-même que la présence du terrible animal est bien faite pour lui inspirer et obéit exclusivement aux impulsions de l'amour maternel, le seul sentiment auquel elle s'abandonne.

Mais en même temps que les facultés de l'âme établissent leurs rapports avec l'organe physique auquel elles commandent, naît et se développe l'innervation qui les lie aux agens naturels qui doivent les modifier pendant la vie humaine. Par un concert admirable, l'influence nerveuse sans laquelle il ne saurait exister ni sensation, ni perception, ni aucun autre acte de la vie morale, modèle toujours son énergie sur celle de la manifestation de ces facultés et sur l'intensité des modificateurs qui les impressionnent; de telle sorte que chacune d'elles, se trouve alors inévitablement liée à une somme de causes de sensations d'autant plus importante qu'elle est elle-même plus active.

Tous les stimulans ou modificateurs de la vie intellectuelle et affective sont susceptibles d'être distingués en *physiques* et en *moraux* selon que les objets qui les constituent nous affectent par leurs attributs de l'un ou l'autre de ces noms. Ils peuvent également être dits *réels* lorsqu'ils sont positivement acquis à la personne qui en éprouve les effets, comme les qualités d'un père chéri, à un fils affectueux; et *imaginés* dans tous les cas où, consistant en idées d'espérance, d'ambition, etc., ils ne sont que les produits exclusifs de la puissance morale : lorsque nous admirons la beauté d'un objet qui nous charme et qui, jusque là, n'avait aucun rapport avec nous, une illusion plus ou moins durable nous met à la place de celui qui est à même d'en jouir; et si, à ces dispositions, nous joignons le désir ou l'espoir d'en obtenir un semblable, nous nous plaçons aussitôt sous l'influence d'une impression morale qui nous modifie aussi positivement que celle que nous éprouverions s'il venait à nous appartenir.

Mais parmi les agens innombrables qui modifient le moral de l'homme, chaque faculté de l'âme, prise isolément, a ses modificateurs propres avec lesquels elle harmonise exclusivement, comme parmi les excitans physiques généraux, chaque organe matériel a ses stimulans naturels particuliers dont l'action est appropriée à son irritabilité; c'est ainsi, par exemple, qu'une vive espérance d'arriver à une dignité éminente ; que la possession de beaucoup d'or, de châteaux, de billets de banque, etc., qui flattent agréablement, l'une, la vanité, et l'autre, l'instinct de conservation, sont toujours sans action sur l'amour maternel, la pitié, etc.

A ces considérations, j'en joindrai une autre non moins importante, c'est que l'heureux exercice des facultés primitives suppose constamment un rapport harmonique entre leur mode de sensibilité et l'action relative des agens qui les impressionnent, puisque c'est toujours de cette coordination que découlent les élémens de bonheur et de volupté morale. Ainsi la mère d'un enfant qui offre des qualités aimables, est heureuse de lui avoir donné le jour par cela même que les attributs de sa progéniture affectent agréablement quelque partie de son système sensible; un compositeur de musique n'est pleinement satisfait que lorsque son génie a fécondé un morceau complétement assorti à sa faculté de sentir l'harmonie; et que fait ce pêcheur intrépide qui, au péril de sa vie, va disputer aux mers les richesses qu'elles renferment, si ce n'est mettre son amour des biens personnels en rapport avec l'avantageux produit dont il s'est créé d'avance la plus flatteuse image? Et ce qui est dit ici de l'amour maternel, des sentimens de l'harmonie et de la propriété, s'applique rigoureusement aux autres facultés primitives. Partout donc où il y a accord heureux, corrélation normale entre les attributs de l'âme et les circonstances qui les modifient, il y a aussi bien-être, jouissance morale.

Mais cette harmonie si désirable et si nécessaire à la production d'effets satisfaisants sur le moral de l'homme, entraîne quelquefois les plus grands maux, lorsqu'elle vient à s'altérer ou à s'éteindre. Donnez à l'enfant un hochet qui lui charme à la fois la vue et l'ouïe, rien n'égale sa gaîté qu'il décèle par mille mouvemens divers; mais si vous venez ensuite à lui soustraire un instant ce futile instrument de sa joie, il pleure, crie et se démène jusqu'à ce que vous lui ayiez rendu l'objet qu'il croit être son exclusive propriété. Qu'un homme affectueux rencontre dans son semblable les qualités qui impressionnent heureusement chez lui le sentiment de l'amitié, il est ivre de bonheur et sa satisfaction est d'autant plus vive que ces qualités sont plus nombreuses et l'affectent avec plus d'énergie; mais qu'il observe ensuite une réduction soit dans le nombre, soit dans l'intensité des modificateurs qui faisaient sa jouissance, il éprouve aussitôt de l'inquiétude, du malaise et même de la douleur, qui devient extrême, si ces agens se trouvent plus tard complétement annihilés. Un père malheureux me racontait un jour avec une émotion qui témoignait encore de la souffrance la plus amère, qu'à mesure que chez son fils unique perdu de débauche, s'effaçait progressivement toute trace d'amour filial, il sentait s'accroître les plus cruelles angoisses, qui se résumèrent ensuite en un désespoir mortel. Or, cette perversion dans l'exercice des sentimens de la propriété, de l'amitié et de l'amour paternel, ne saurait être conçue que comme la traduction d'un brisement d'équilibre survenu entre ces facultés et les causes de sensations qui les modifiaient. Nous en dirons autant des chagrins qui résultent de l'orgueil et de l'amour-propre humiliés, des mécomptes de l'ambition et de la vanité, de la nostalgie, du passage plus ou moins brusque d'une condition honorable à celle d'abjection et de pitié, etc., etc.

Personne n'ignore que certains phénomènes météorologiques tels qu'un ciel sombre, orageux, l'obscurité plus ou moins profonde de la nuit, etc., en altérant les modificateurs de notre instinct de conservation, portent à l'inquiétude, à la crainte, à la frayeur que l'on a vues produire les accidens les plus sérieux mais qui, le plus ordinairement, ne sont que momentanés et s'évanouissent à l'invasion d'un sommeil bienfaisant ou lorsque l'atmosphère a repris sa sérénité. Et l'automne, cette saison si éminemment déprimante, qui semble préluder au repos annuel de tous les êtres vivants dont il ralentit l'activité, et qui voit la plupart des plantes se dépouiller des attributs les plus externes de la vie végétale, ne jette-t-il pas dans le cœur de l'homme un sentiment de tristesse vague et indéfinissable dont il puise toujours les principaux élémens dans l'image de la destruction apparente que la nature lui offre alors de toutes parts ?

Les causes des peines de l'âme ne résident pas seulement dans des mutations nées de circonstances externes, elles peuvent également surgir de l'organisation physique du sujet qu'elles modifient ; toutes les conditions pathologiques aiguës et chroniques, intenses et bénignes; toutes les infirmités innées ou acquises, sont aussi susceptibles de les constituer. Voyez cet homme qui naît et se développe avec les apparences de la meilleure santé, tout son être respire le bonheur, l'enjouement et la gaîté brillent sur son visage; conséquences immédiates d'un parfait équilibre de ses fonctions organiques ; mais si quelque désordre maladif vient à envahir un système ou un appareil d'organes plus ou moins essentiels à sa vie, à ses dispositions morales antérieures, succèdent aussitôt de l'inquiétude, de la morosité, de l'affliction enfin, tristes fruits de l'exercice ou du repos désordonné de ses organes, de l'incurie, d'un milieu délétère ou d'un funeste héritage.......

Il n'est pas moins remarquable qu'une faculté primitive peut donner lieu à la douleur morale par la diminution accidentelle de son énergie ordinaire, ses modificateurs restant d'ailleurs les mêmes. Consultez l'épicurien que des plaisirs anticipés ou trop multipliés ont blasé plus ou moins généralement, il vous dira qu'il est malheureux par la perte des émotions qui faisaient son bonheur et qu'il lui est impossible d'éprouver encore, bien qu'il rassemble avec soin les circonstances heureuses au sein desquelles il se trouvait avant sa déchéance morale.

D'après les propositions qui viennent d'être émises sur les sources générales du plaisir et de la peine, on conçoit facilement que les faits se présenteraient en foule s'il était nécessaire de les multiplier pour porter à cette induction rigoureuse que toute jouissance affective, résultant de l'harmonie qui unit heureusemnent notre âme aux agens naturels qui l'impressionnent, la douleur morale doit nécessairement surgir de circonstances opposées : hâtons-nous donc de conclure que le désaccord, le défaut d'harmonie survenus entre les facultés primitives de l'homme et leurs modificateurs respectifs, déterminent tous les degrés de souffrance connus sous les noms de peines du cœur, tristesse, chagrins, afflictions, etc., etc.

Mais depuis la simple inquiétude jusqu'au désespoir le plus violent, que de variétés indicibles de sentimens pénibles ? Quelle intelligence privilégiée pourrait jamais saisir les conditions si variées de leur existence multiforme ? et où est la plume magique qui saurait rendre toutes les nuances de la douleur morale, quand nos descriptions les plus heureuses ne sont que des ébauches imparfaites près des tableaux de la nature ? Aussi, me bornerai-je à n'esquisser ici que ses phénomènes les plus matériels, persuadé que beaucoup d'autres plus intérieurs et par conséquent insaisissables, échappent toujours à la plus rigoureuse observation.

Mais relativement à leur invasion, les peines de l'âme offrent deux formes assez remarquables : dans la première, les troubles organiques qui les constituent ont un développement soudain, et une diminution plus ou moins rapide de leur violence suit presque toujours de près les premiers instans de leur manifestation, sans que néanmoins cet heureux évènement apporte souvent un terme à leur durée. Dans la seconde, au contraire, ces mêmes désordres envahissent lentement l'économie où ils ne s'établissent que d'une manière progressive.

Lorsque, par un malheur quelconque, l'équilibre normal qui existe entre une faculté morale et ses modificateurs, est brusquement suspendu ou détruit, un désordre immédiat se manifeste dans les phénomènes ordinaires de l'innervation. La personne qui l'éprouve est frappée d'une stupeur plus ou moins profonde, et des mouvemens spasmodiques agitent quelquefois ses organes sensoriaux et locomoteurs. Est-elle debout, elle chancelle et tombe sur le sol à la manière des corps inorganiques. Est-elle assise, sa tête gravite vers la poitrine et les membres supérieurs vers les inférieurs qui ne sont plus soutenus eux-mêmes par l'action musculaire. Si on l'interroge, elle garde le plus morne silence ou ne répond que par des cris, des gémissemens ou même du délire. Sa physionomie est immobile, son œil fixe, hagard ou convulsé, sa face froide et décolorée. La respiration est imperceptible, dyspnéique; les battemens du cœur sont tumultueux, précipités ou la syncope survient, surtout chez les femmes et les enfans; le pouls est petit, serré, rare ou intermittent. Un sentiment de malaise, de serrement inexprimable ou de douleur gravative, occupe l'épigastre et s'accompagne quelquefois de nausées, de vomissemens, etc, etc.

Cependant l'organisme, si violemment perturbé, ne saurait lutter long-temps contre cet appareil formidable de désordres fonctionnels, et leur permanence entraînerait bientôt la perte du malheureux qui les offre: il est des milliers de cas où les maladies les plus graves et même la mort sont survenues sous leur funeste influence. Mais heureusement pour l'homme qui souffre, il arrive le plus souvent que ces troubles moraux et physiques diminuent graduellement d'intensité à mesure qu'on s'éloigne du moment de leur invasion: une réaction salutaire s'établit et s'annonce par des cris, des sanglots, des lamentations, etc.; les facultés morales, les fonctions sensoriales et locomotrices, de suspendues qu'elles étaient, reprennent peu à peu mais péniblement leur exercice normal; la respiration se fait plus largement, bien que suspirieuse et entrecoupée; l'étreinte ou la douleur épigastrique s'amoindrit et avec elle les autres désordres siégeant dans les voies digestives, etc.; enfin, en même temps qu'un heureux retour s'opère de toutes parts vers le calme organique ordinaire, la nature développe des mouvemens sympathiques sur le système lacrymal et la plus grande partie de la douleur morale s'écoule avec des larmes plus ou moins abondantes.

Mais, comme nous l'avons dit plus haut, il est une infinité de cas où les rapports d'harmonie qui lient nos facultés primitives à leurs agens d'impression, ne se détruisent ou ne s'altèrent que progressivement, et alors les phénomènes qui découlent de cette rupture d'équilibre envahissent lentement l'organisme. Le sujet chez lequel les peines de l'âme établissent ainsi leur empire, fuit instinctivement toute relation sociale, moins encore parce qu'une sorte de lassitude morale l'oblige de reposer ses facultés primitives que parce qu'il craint d'éveiller d'amers souvenirs. L'aspect du plaisir l'importune; il est sourd aux plus douces harmonies comme aux propos consolants de ses proches; aucune beauté du ciel et de la terre ne saurait exciter son admiration tant l'univers se rembrunit à ses yeux qui ne voient plus qu'à travers le prisme le plus lugubre: l'isolement, la solitude sont les seuls biens qu'il recherche; il voudrait y échapper à lui-même, mais la fièvre morale qui le poursuit y perpétue cruellement ses chagrins, s'il n'attente à sa vie.

Sa tête, penchée vers la poitrine ou contenue dans ses mains, est douloureuse et son accablement remarquable. Son sommeil est presque nul ou traversé de rêvasseries fantastiques plus ou moins en rapport avec le sujet de son affliction : sa démarche est faible, fatiguante et mal assurée. Les organes sensoriaux ne transmettent plus fidèlement au cerveau les impressions qu'ils reçoivent de l'extérieur ; le malheureux croit voir, entendre, etc., des objets qui lui rappellent sa douleur. Sa physionomie est contractée et exprime un sentiment pénible; sa voix a perdu de son éclat et sa parole, de la netteté de son articulation. La respiration est inégale, suspirieuse, et une douleur sous-sternale, généralement obtuse, s'accompagne presque toujours d'oppression et d'anxiété. Les fonctions circulatoires sont aussi languissantes, désordonnées, irrégulières. La bouche est amère, l'appétit nul, la digestion difficile et la constipation opiniâtre : les organes dépurateurs sécrètent avec un embarras qui s'accroît chaque jour. La peau, qui est généralement décolorée, est le siège de chaleurs et de refroidissemens partiels, et la maigreur plus ou moins prononcée.

Cependant, malgré la souffrance qui l'accable, on voit alors l'infortuné prendre des déterminations diverses: tantôt il contracte de l'éloignement, de l'antipathie pour les objets qui ont été les causes ou seulement les témoins de ses maux et, fuyant même pour jamais le théâtre de sa désolation, il s'efforce de l'oublier, en cherchant au loin des distractions salutaires. Dans d'autres cas, au contraire, il ne saurait abandonner les lieux ou les êtres qui l'ont vu souffrir; il éprouve le besoin incessant de vivre au milieu d'eux, parce que tout, dans cette atmosphère de douleur, semble offrir un heureux écoulement à ses pénibles angoisses. Que de mères se soulagent en pleurant sur les restes de leurs enfans ou même à l'aspect du cimetière où ils reposent! L'une d'elles, recommandable par sa vertu et une piété exemplaire, racontait naguère dans un ouvrage empreint de la plus sombre mélancolie, que pendant les premiers mois qui ont suivi la mort de son fils unique, elle éprouvait toutes les nuits la plus cruelle anxiété qui se développait, pour ainsi dire, à son insu, et à laquelle elle ne mettait fin qu'en priant chaque matin sur sa tombe.

Mais on pressent déjà qu'outre ces deux manières d'être de la douleur morale, il en est une foule d'autres qui s'en composent à des degrés différents d'intensité et dans des formes symptômatiques également diverses, selon mille conditions hygiéniques et individuelles; que les unes et les autres sont susceptibles de s'allier à beaucoup d'autres sentimens pénibles auxquels elles empruntent alors des traits nouveaux; et que tous les sujets qui en souffrent, loin d'offrir exactement l'ensemble des phénomènes qui viennent d'être énumérés, ne les manifestent, au contraire, que partiellement et d'une manière relative à leur constitution organique. Une dame remarquable par l'irritabilité extrême des organes gastriques, me disait un jour que tous les chagrins se traduisaient exclusivement chez elle par une douleur épigastrique, l'amertume de la bouche, des nausées et des vomissemens bilieux ; qu'elle ne *sentait* en quelque sorte que par son estomac.

L'intensité de la douleur morale est toujours extrêmement variable selon le climat, l'âge, le sexe et le tempérament de celui qui l'éprouve, et suivant le degré d'activité des facultés qu'elle intéresse ; c'est ainsi que la même affliction, qui ne produit que de l'inquiétude, du malaise chez un vieillard lymphatique, habitant les régions septentrionales, etc., donnera lieu aux troubles organiques les plus sérieux chez l'africaine, jeune, sanguine, nerveuse, etc. ; que celle qui résultera de l'affaiblissement accidentel d'une faculté prédominante ou de la destruction d'un grand nombre de modificateurs importants, sera beaucoup plus considérable et partant plus féconde en maladies, en suicides, que celle qui naîtra de circonstances opposées (1).

Relativement à sa durée, elle ne se montre pas moins dépendante de l'âge et du sexe des sujets qu'elle affecte et de la force ou de la faiblesse des sentimens moraux sur lesquels elle porte. En général, presque toujours passagère chez les personnes avancées en âge qu'elle ne fait en quelque sorte qu'effleurer lorsque l'usure de la vie les a frappées d'insensibilité sénile ou d'apa-

(1) Cette manière de considérer la douleur morale me paraît susceptible d'une application utile à la médecine légale, en fournissant une donnée de plus à l'appréciation des causes du suicide.

thie morale, son existence se prolonge beaucoup plus chez l'homme adulte où sa manifestation extérieure est cependant moins prononcée que chez la femme et les enfans où elle a une marche, pour ainsi dire, plus aiguë, plus tumultueuse, je dirais même plus bruyante, et dont le système lacrymal, participant facilement à son influence, en diminue plus ou moins promptement les effets. Et, d'une autre part, ajoutons que persistante, opiniâtre et même intolérable dans les cas où elle succède à la perversion des parties les plus actives de la vie morale, elle n'est guère que momentanée, fugitive ou à peine sensible à l'observation, lorsqu'elle procède du trouble de facultés originellement peu prononcées ou réduites à une sorte de nullité acquise; et cette considération explique à la fois le sort fatal des hommes qui gémissent jusqu'à leur dernier souffle sur les maux de leur patrie, sur la mort de leurs proches, etc., et la déplorable indifférence de ceux qui, atteints d'une véritable dégradation morale, n'ont de larmes ni pour le malheur public, ni pour la tombe de leur père, de leur épouse, de leurs enfans, etc., etc.

La douleur de l'âme peut s'étendre en même temps à tous les habitans d'un hameau, d'une ville, d'une province, d'un royaume, lorsqu'ils traînent des jours désolés par une calamité commune : la perte d'un prince bienveillant, d'un magistrat honorable, d'un médecin ou d'un ecclésiastique dont la vie s'épuisait en services de toute espèce ; les catastrophes qui résultent des guerres intestines, des révolutions politiques, etc., la produisent d'une manière, en quelque sorte épidémique ; et, dans ces cas, il est presque inutile de dire que l'étendue de sa propagation est toujours en raison directe du nombre de sujets où prédominent les mêmes facultés qu'elle perturbe, et de l'importance relative des modificateurs dont la disparition en est la cause déterminante. En traversant un jour une petite ville du Hainaut, j'en vis toute la population éplorée se presser à la suite des dépouilles mortelles de son vénérable pasteur dont elle formait le cortége funèbre et attester par son pieux recueillement et sa douleur profonde, les nombreux bienfaits dont ce philanthrope chrétien avait marqué chaque jour de son honorable carrière.

Il n'est pas moins digne d'observation que, comme tant d'autres sentimens, les souffrances de l'âme peuvent être communiquées même entre personnes qui, jusque là, n'avaient aucun rapport entr'elles ; et remarquons ici que cette sorte de contagion morale est d'autant plus rapide qu'elle porte sur des sujets que la pitié anime davantage. C'est toujours l'intensité extrêmement variable de cette précieuse faculté, qui donne la mesure des différentes proportions dans lesquelles nous sommes accessibles à la douleur d'autrui : en effet, qui ne sait que, sous ce rapport, l'aspect d'un malheureux frappe diversement les individus au milieu desquels il se trouve, et que s'il en est que sa présence affecte peu ou qui s'y montrent plus ou moins insensibles, plusieurs autres en ressentent une impression pénible et parfois tellement durable qu'elle ne se dissipe entièrement qu'après la disparition complète de celle qui l'a sympathiquement déterminée.

Les peines assoupies ou totalement éteintes, même depuis long-temps, se renouvellent quelquefois par le souvenir ou par la manifestation de circonstances analogues à celles qui les ont accompagnées ou primitivement déterminées. Que de paupières se mouillent encore de larmes à un simple récit, à la vue de la moindre action, d'un monument, etc., qui rappellent une harmonie morale qui n'est plus et dont on recueillait jadis les plus douces émotions ! Une jeune dame dont le cœur avait été meurtri par la mort d'une fille chérie, était pourtant arrivée à en faire le douloureux sacrifice. Mais, se promenant un soir dans la solitude d'une campagne, elle tomba tout-à-coup à la renverse et privée de tout sentiment. Revenue bientôt à elle-même, elle nous dit avec l'accent de la plus vive souffrance, que le son d'une cloche qui avait annoncé la perte de celle qu'elle avait tant pleurée, venait de lui rouvrir les cicatrices de l'amour maternel qu'elle avait cependant cru fermées pour toujours.

La douleur morale ne conserve pas toujours son

état de simplicité primitive : on la voit, même assez fréquemment, produire d'autres sentimens fâcheux dont elle se complique et ouvrir alors une scène de phénomènes nouveaux avec lesquels elle se confond aux yeux de l'observateur. Mais il est à remarquer que ces sortes de transformations sont toujours relatives aux dispositions morales actuelles du sujet qui les manifeste. C'est ainsi que dans les cas où la peine résulte de l'affaiblissement ou de la destruction d'agens naturels qui impressionnent les sentimens de l'ordre, de la justice, l'instinct de conservation, etc., et que, par une réaction plus ou moins active, nous voulons recouvrer l'intégrité de modificateurs soustraits, altérés, ou anéantir les circonstances qui nous les rappellent, elle donne naissance à l'indignation, à la haine, au ressentiment, à la colère, à la vengeance, etc. ; que dès le moment où, par une action malveillante, criminelle, notre imprévoyance ou notre propre faute, nous avons perdu quelque rapport normal de nos facultés avec les objets qui agissaient harmoniquement sur elles, elle constitue le remords, le repentir et le regret, bien que ce dernier sentiment puisse aussi se développer sans notre préalable participation, etc.

Il lui arrive aussi de se montrer simulée même au point de tromper l'œil le plus observateur. « On pleure, » dit Larochefoucauld, pour être plaint; on pleure

» pour être pleuré; enfin on pleure pour éviter la
» honte de ne pas pleurer.» Mais on sait que ces simulacres de tristesse ne durent qu'aussi long-temps qu'ils peuvent être aperçus et disparaissent dès l'instant où ceux qui les manifestent se trouvent dans l'isolement. Combien d'hommes étalent aux yeux du monde des souffrances même pompeuses et retentissantes qu'ils n'éprouvent réellement pas et qui ne sont qu'une mimique affectée pour servir un projet quelconque! Il n'est pas rare d'en rencontrer qui, pour exciter les élans de la pitié ou de la bienveillance, prennent un ton plaintif et une attitude suppliante qu'ils varient de la manière la plus ingénieuse, mais qu'ils interrompent brusquement si l'on vient à leur tourner le dos : et sans parler ici des artistes dramatiques qui, par des démonstrations fictives de la douleur, surprennent souvent les larmes de leurs spectateurs, qui n'a vu des enfans, même au berceau, feindre des chagrins hypocrites tout en fixant leur mère ou leur nourrice, comme pour s'assurer de l'impression qu'ils produisent, et ne cesser cette singulière parade que lorsqu'ils sont sûrs de ne plus être observés.

Non seulement l'affliction peut être factice, composée de toutes pièces, mais elle est encore susceptible de dissimulation lorsqu'un intérêt quelconque oblige de la cacher à des regards importuns. Il est des hommes dont l'âme fortement trempée et la volonté de fer, si je puis ainsi dire, jouissent de la faculté d'en comprimer les signes ordinaires et de la réduire en une sorte de trouble intérieur qui échappe quelquefois à l'observation la plus attentive. Cependant il est bien rare que cette agitation occulte ne se trahisse par des soupirs, de l'anxiété, une taciturnité insolite, etc. : elle éclate toujours dans la solitude et dans tous les lieux où elle est abandonnée à elle-même, et se répand alors sur d'autres points plus ou moins multipliés de l'organisme.

Maintenant que nous avons vu la douleur morale consister dans un état de souffrance, exprimé par un ensemble très variable de désordres physiques et moraux plus ou moins durables et survenus à l'occasion d'un brisement d'équilibre entre quelqu'une de nos facultés primitives et ses modificateurs ordinaires, nous demanderons-nous quelle est sa nature intime ? chercherons-nous à soulever un voile qui couvre des phénomènes dont l'auteur de toutes choses semble s'être réservé exclusivement l'intelligence ? Assurément non ; et nous renfermant dans les limites étroites des faits les plus saillants, nous essaierons seulement d'en indiquer la valeur étiologique. L'encéphale étant la condition matérielle de l'exercice des facultés morales de l'homme, les troubles, même les plus moléculaires, qui naissent du désaccord survenu entre elles et leurs modificateurs respectifs, ne sauraient avoir d'autre point de départ que ce viscère ; et il n'est pas moins vraisemblable qu'ils se propagent aux autres organes de l'économie par l'intermède des nerfs qui, avec leurs centres, en sont les premiers dépositaires. Mais alors les plus laborieuses investigations ne peuvent nous apprendre s'ils consistent en une sur-excitation, une diminution de forces, etc., puisque ce n'est guère que dans les cas où ils se communiquent aux autres tissus vivants, où ils prennent une forme en quelque sorte plus matérielle, que l'on observe un ébranlement, des oscillations plus ou moins violentes de ces mêmes tissus. Or, l'on sait que le trouble, même naissant et faiblement prononcé d'abord, d'une ou de plusieurs fonctions organiques, peut, par son exagération, constituer beaucoup de maladies diverses, de produits pathologiques extrêmement variés, selon une foule de circonstances individuelles. C'est ainsi que le bouleversement général de l'organisme ou seulement de quelques-unes de ses parties, déterminé chez plusieurs individus, par une même peine morale, donnera lieu, chez l'un, à un asthme nerveux, chez l'autre, à une fièvre bilieuse, chez un troisième, à une pneumonie, etc., conditions morbides dont la raison anatomique et physiologique se trouve toujours dans la texture et la vitalité respectives des organes lésés.

Toutefois, les peines de l'âme, modifiant primitivement le tissu nerveux auquel elles bornent leur influence dans un grand nombre de cas, en déterminent plus fréquemment la lésion que celle des autres élémens organiques, et, sous ce rapport, l'observation d'accord avec le raisonnement, nous montre que les névroses succèdent bien plus souvent à ces conditions étiologiques, que les affections d'un autre caractère.

Il n'est pas moins évident que, selon sa spécificité et par une sorte d'élection, chacune d'elles a plus de tendance à produire certaines maladies que beaucoup d'autres: en effet, ne voit-on pas la peur, la frayeur vives, donner lieu de préférence à l'épilepsie, à la catalepsie; la tristesse sombre et prolongée, à la monomanie; les chagrins unis à la colère, aux anévrysmes du cœur, à l'apoplexie, etc.

D'après ces considérations, la douleur morale est donc une cause puissante de maladies différentes, mais relativement plus productrice de lésions nerveuses que de celles d'une autre nature, et, suivant sa manière d'être, plus fréquente des unes que des autres.

Parmi les principales maladies auxquelles peut donner lieu la douleur morale, on doit placer en première ligne la folie et ses nombreuses variétés. D'après les relevés d'une multitude de cas de manie, observés par Pinel, Hébréard et M. Esquirol, près des deux tiers reconnaissaient, pour cause des affections plus ou moins pénibles de l'âme. Sur trente-et-une observations de mélancolie, rapportées par M. Falret (*du Suicide*, etc.), cette maladie a été déterminée trente fois par la même cause. J. Frank (*Prax. med.*) affirme que parmi quatre-vingts cas d'épilepsie qu'il a observés scrupuleusement, soixante étaient dûs à cette condition étiologique. Sur trente-six exemples d'hypochondrie que cite avec détails feu l'honorable Louyer Villermay (*Traité des maladies nerveuses*, etc.), vingt deux s'étaient développés sous la même influence. Georget (*Dict. de médecine*) parle de vingt-deux cas d'hystérie qu'il a analysés avec soin, et dont vingt-et-un résultaient évidemment de chagrins plus ou moins profonds.

Cette cause de maladies peut aussi produire la catalepsie, l'apoplexie, les diverses irritations et inflammations cérébrales, les névroses partielles et la paralysie. J'ai connu une jeune personne qui fut atteinte d'une névralgie faciale des plus intenses, à la suite d'une peine violente occasionée par la mort de sa mère. Robert Boyle rapporte qu'une femme, en voyant son enfant se noyer près d'elle, éprouva une paralysie du bras qui lui dura toute sa vie.

Tous les pathologistes s'accordent à ranger la douleur morale parmi les causes des fièvres muqueuse, bilieuse, adynamique, ataxique, etc., de la chlorose, de la chorée, des palpitations, de l'inflammation et des différentes espèces d'anévrysmes et autres détériorations du cœur et de l'aorte pectorale, de la péricardite, de l'asthme nerveux, de l'angine de poitrine et de la phthisie pulmonaire. M. Rostan a vu une femme qui succomba, en deux jours, à une inflammation du poumon dont elle manifesta les premiers signes après la lecture d'une lettre qui lui apprenait la mort de son fils.

On fait également des peines du cœur, une cause de gastro-entérite, de gastro-entéralgie, d'hépatite, de squirrhe, de cancer, de scrophules et d'aménhorrée. Au rapport de Morgagni (*de Sedibus et causis morborum*), un jeune homme fut atteint d'un ictère général, à la suite d'une affection pénible de l'âme.

Les chagrins continus et affectant une sorte de chronicité, vieillissent l'homme prématurément, affaiblissent ses facultés physiques et morales, minent sourdement son organisation et, étendant leurs funestes atteintes aux phénomènes de la nutrition, entraînent parfois un dépérissement progressif analogue à celui que produisent certaines dégénérescences viscérales, sans que, pourtant, cet état de marasme soit toujours consécutif à une lésion organique du genre de celles que je viens de nommer : la société compte malheureusement dans son sein une multitude de personnes qui se trouvent dans cette position désespérante, et telle était, sans doute, celle de Perdiccas, roi de Macédoine, lorsqu'Hippocrate, appelé à la combattre, en reconnut la cause dans un amour malheureux et guérit alors ce prince d'une consomption en apparence mortelle.

La douleur morale exerce aussi une influence remarquable sur le développement de quelques affections cutanées, telles que les dartres, le prurigo, et sur des modifications plus ou moins fâcheuses du système pileux : on sait qu'il est une foule de cas où, torturés par les angoisses de l'âme, des individus de conditions, d'âges et de sexes divers, ont vu leurs cheveux blanchir ou tomber en quelques jours, et même en une seule nuit de violents chagrins. Toute la ville d'Arras se rappelle encore un fait de déplorable mémoire, et dont, pendant les jours justement exécrés de 1793, un sieur Vaillant a été, à la fois, le sujet et la victime. Émigré, comme beaucoup d'autres, pour échapper à la hache révolutionnaire, il fut pris et amené à ses juges ou plutôt à ses bourreaux qui le condamnèrent à mort, et qui, pour ajouter à la cruauté de son supplice, imaginèrent de l'exposer préalablement aux injures d'une populace effrénée. Eh bien ! à la grande surprise des témoins oculaires, l'infortuné Vaillant, dont la chevelure était uniformément brune, à son arrivée sur l'échafaud, avait complètement blanchi lorsque sa tête est tombée sous le couteau fatal, c'est-à-dire après huit heures d'exposition. Je connais un cultivateur qui, en trois jours de la plus sombre tristesse, occasionée par l'incendie de sa ferme, perdit entièrement les cheveux et la barbe.

On sait combien l'ennui, la frayeur, le découragement, etc., favorisent le développement et la propagation des maladies épidémiques et contagieuses, auxquelles ils semblent communiquer un surcroît d'activité. J'ai vu l'an dernier une fièvre adynamique épidémique, frapper de préférence les sujets que la crainte de contracter cette affection avait préalablement agités; et le choléra asiatique, qui a régné en 1832, n'a laissé ignorer à aucun de nous qu'il s'étendait par une sorte de prédilection, à ceux que son invasion avait le plus effrayés, soit qu'ils eussent voulu fuir le théâtre de ses ravages, soit qu'ils se fussent même séquestrés pour en éviter les atteintes : Sydenham, Baglivi, Lepecq de la Cloture et une infinité d'autres praticiens qui nous ont transmis l'histoire de tant de faits analogues, ont depuis longtemps apprécié, à leur juste valeur, ces causes de maladies populaires.

Mais si les maux de l'âme bouleversent plus ou moins violemment l'économie humaine où ils jettent parfois les bases des maladies les plus sérieuses, il arrive aussi qu'ils prolongent, aggravent, rendent plus tenaces et même désespérées celles qui existent, dans les cas où ils sévissent sur un sujet déjà malade : en effet, rien n'est plus commun que de voir ces commotions morales agiter plus ou moins fortement les organes lésés, et augmenter ainsi l'étendue et l'intensité des désordres pathologiques dont ils sont le siège ; aussi tous les médecins et même les gens du monde savent combien la thérapeutique est inefficace lorsque cette fâcheuse coïncidence a lieu. Ah ! si j'osais interroger mes souvenirs, je rappellerais ici la fin douloureuse de la meilleure des mères qui succomba prématurément à une affection cérébrale que des chagrins domestiques rendirent trop rapidement mortelle ; je dirais, surtout, combien les efforts de la nature, de l'art et de la piété filiale, furent impuissants pour calmer les tortures physiques et morales de sa pénible existence, et que je vois encore le jour, hélas! le dernier de sa vie, où sa tendresse maternelle s'exhalait silencieusement en vains soupirs, où ses yeux presque éteints, mais cherchant encore sa famille, se fermèrent pour jamais à la lumière. Un ecclésiastique également respectable par ses talens et ses vertus, et en proie depuis longtemps à une entérite chronique, éprouvait, à la moindre contrariété, une exacerbation violente de cette maladie qui le précipita, fort jeune encore, dans la tombe où il fut suivi des regrets les plus nombreux et les plus sincères. En janvier 1834, madame O....., d'une constitution éminemment nerveuse, et habitant une grande ville où son esprit cultivé lui avait concilié l'affection d'un cercle assez nombreux, devint sujette à des palpitations périodiques qui s'amendèrent sensiblement, sous l'influence d'une médication sédative appropriée. Mais, trahie ensuite par quelques amies, de l'attachement desquelles elle se tenait pour assurée, elle en éprouva une peine si amère que la névrose du cœur dont elle avait offert plusieurs accès, non seulement s'entretînt, mais revêtit encore le type continu et une intensité alarmante ; et, alors, les soins médicaux les plus assidus et les plus minutieux furent vainement dirigés contre cette maladie qui ne céda, plus tard, qu'aux voyages et au séjour à la campagne.

Après avoir parlé des maux les plus cuisants qui assiègent l'humanité, et présenté une analyse succincte des principaux faits qui s'y rattachent, il me serait bien doux, sans doute, de terminer cet essai par quelques considérations sur les moyens propres à les combattre ou, du moins, à en atténuer la tumultueuse influence. Mais toutes les peines morales ayant, pour ainsi dire, leurs causes spécifiques et réclamant, par conséquent, une méthode palliative ou curative particulière, on sent, dès lors, combien il serait difficile de réduire en préceptes réguliers les soins que chacune d'elles exige, et que, malgré le désir si naturel de venir en aide à toutes les infortunes, on ne peut guère offrir que des généralités à ce sujet. Aussi, n'exposerai-je ici que celles qui m'ont paru le plus rigoureusement déduites des lois de la vie : heureux si leur application peut épargner quelques-unes des larmes que le malheur fait si souvent répandre !

Le traitement de la douleur morale, quelque impuissant qu'il soit, ne doit jamais être voué à la nullité fâcheuse à laquelle il est quelquefois condamné. Il est dans le monde, et surtout parmi les habitans des campagnes, un préjugé dont on n'a que trop souvent à déplorer les funestes effets, c'est que le temps serait le seul remède à opposer aux peines de l'âme qui, conséquemment, doivent être abandonnées à elles-mêmes : et croira-t-on qu'un philosophe de l'antiquité (Sen., *Consolatio de amico, etc.*), d'ailleurs fort estimable, pense que l'on se moque, avec raison, de celles qui sont invétérées, parce qu'on les croit toujours simulées ou extravagantes ! Loin de partager ces erreurs dangereuses, nous pensons, au contraire, que, quelles que soient la violence et la durée des chagrins, on ne saurait trop s'empresser de secourir l'homme qui souffre, en l'environnant de tous les soins capables de modifier une position qui peut compromettre sa santé et même son existence : il y aurait de la cruauté de se conduire autrement ! Mais pour atteindre plus facilement ce but, il est important de puiser les indications à remplir dans les dispositions morales actuelles de celui que le malheur accable. Ainsi donc, ou les conditions psychologiques, dont la disparition entraîne les peines de l'âme, peuvent être rétablies, ou ces mêmes conditions se trouvent plus ou moins complètement détruites et conséquemment irrecouvrables. Dans le premier cas, on doit s'occuper activement de rétablir l'harmonie des facultés en désaccord avec leurs modificateurs respectifs ; il faut rendre l'ami à l'ami qui le pleure ; au père malheureux, le fils oublieux de ses devoirs, et pourtant qu'il affectionné encore ; au nostalgique qui dépérit, la terre natale dont l'image est fortement gravée dans son âme, etc. Dans le second, au contraire, tout en dérobant les facultés morales perturbées à l'influence de tout excitant quelconque, on cherchera à opérer une diversion salutaire sur celles qui jouissent de leur intégrité normale, en multipliant ou en variant ingénieusement leurs agens naturels d'impression. Ainsi, chez le jeune homme, douloureusement affecté par la perte d'un père et d'une mère tendrement aimés, on dirigera les effets d'une vive sollicitude vers les sentimens de l'amitié, de l'amour fraternel, etc., selon que l'une ou l'autre de ces facultés se prêtera le plus par sa prédominance ou d'autres dispositions actuelles, à la dérivation morale que l'on se propose.

Mais il n'est pas indifférent que tel ou tel se charge de la mission délicate de calmer les douleurs de l'âme: on consultera préalablement les rapports sympathiques, les analogies d'organisation morale qui doivent lier le consolateur à la personne affligée. Si la peine sévit sur un fils ou une fille, c'est le père ou la mère ou, à leur défaut, le frère ou la sœur qui doit entreprendre de la faire disparaître : nul autre ne saurait exercer plus efficacement ce noble ministère, car, dans cette triste conjoncture, la manifestation des formes affectueuses dont la nature sait revêtir la tendresse des proches, est presque toujours féconde en heureux résultats.

Après les proches, viendra l'ami intime dont les bienveillantes inspirations serviront avantageusement les vues à cet égard : lui aussi fera entendre avec succès le langage éloquent de la sympathie, et, tirant le meilleur parti des liaisons secrètes qui semblent identifier deux existences, il saura, à son gré, tarir des pleurs trop amers ou en faire couler de plus salutaires : tous les cœurs sensibles que la douleur déchire et sur lesquels veille une tendre amitié, savent combien de maux ce précieux sentiment allège ou éteint. Immédiatement après la mort de son frère, le seul appui qui lui restât dans ce monde, une jeune fille de seize ans fut prise d'un chagrin tellement grave, qu'elle se trouva pendant trois jours dans une sorte d'immobilité léthargique qui simulait la mort la plus réelle; les facultés morales, les fonctions sensoriales et locomotrices paraissaient nulles, le pouls insensible, la chaleur animale éteinte, etc.; tout faisait ainsi désespérer de ses jours, lorsqu'une amie sincère, accourue d'une campagne éloignée, vint la rendre à la vie en provoquant ses larmes.

Le malheureux a-t-il, par une insigne fatalité, perdu ses parens, ses amis les plus chers, ou par une occurrence non moins fâcheuse, est-il irrévocablement isolé des uns et des autres, les ministres de l'évangile peuvent alors lui être d'autant plus utiles qu'ils sont toujours enclins à compâtir à son affliction et qu'ils savent lui opposer avec plus d'opportunité et les efforts tutélaires d'une pitié généreuse et consolatrice, et les remèdes bienfaisants dont la religion est la source : une multitude de localités déposent hautement des merveilles nombreuses que ces hommes de bien opèrent chaque jour dans les circonstances pénibles dont il s'agit.

Mais la promptitude avec laquelle on doit voler au secours de la douleur, sera toujours en raison directe de la vivacité de son agression et des dangers qui l'accompagnent. Lors donc que sa violence et la rapidité de son invasion sont telles que l'infortuné, qui en est atteint, est pour ainsi dire atterré et comme foudroyé sous sa puissance, il est instant de l'exposer à l'air libre et frais et de le débarrasser des vêtemens qui le serrent ou qui lui occasionnent trop de chaleur. S'il y a syncope ou stupeur, on se hâtera de lui faire respirer de l'éther, de l'ammoniaque liquide, etc.; on lui fera prendre quelque peu d'une infusion de mélisse, de fleurs d'oranger ou de toute autre boisson légèrement stimulante; on lui frictionnera les parois de la poitrine et surtout la région du cœur et les extrémités. Mais en même temps on ne devra rien négliger pour se mettre en rapport avec ses facultés morales dont il faut à tout prix réveiller l'exercice en excitant les sympathies favorables dont elles sont susceptibles; toute expectation serait alors intempestive et pourrait devenir plus ou moins funeste; et c'est ici surtout que les sentimens affectueux des proches, que les prévenances et les douces persuasions de l'amitié, que les conseils bienveillants et si profitables de la vertu, etc., doivent s'entendre pour agir isolément ou de concert, et savoir, tour à tour, s'associer ingénieusement aux maux de l'affligé, obtenir une crise favorable de son système lacrymal, rompre adroitement la chaîne de ses idées douloureuses, lui montrer la perspective d'un plus heureux avenir, etc.

Après ces premiers soins qui, administrés avec persévérance, ne manquent presque jamais d'efficacité, on devra, comme dans tous les cas de chagrins à invasion lente, mettre en œuvre tous les moyens de diversion morale dont l'usage promettra quelque succès. Ainsi les voyages, la lecture d'ouvrages choisis, la fréquentation des bals et des spectacles convenablement appropriés, des sociétés, des sermons et autres instructions religieuses; les conversations amicales, la culture des sciences et des arts, l'influence de la musique, le séjour dans telle ou telle localité, etc., sont autant de modificateurs susceptibles de la plus heureuse application lorsqu'ils sont habilement variés selon l'âge, le sexe, l'état des mœurs, le genre d'éducation, les goûts et la fortune de la personne qui souffre.

Dans les cas amèrement déplorables où une armée, une population entière sont en proie au découragement, à la terreur dont les frappe un fléau quelconque, c'est aux hommes doués d'une grande énergie morale, à ceux haut placés dans la hiérarchie sociale et dont les vertus ont inspiré le plus de sympathies, qu'il convient de relever l'espérance du peuple en luttant courageusement contre son infortune : princes, magistrats, administrateurs, ecclésiastiques, etc., tous doivent alors réunir leurs efforts pour conjurer les dangers du malheur commun, de la douleur générale. Les fastes de l'histoire nous révèlent que presque tous les siècles passés ont vu des hommes qui, aux temps de calamités publiques, se sont illustrés par des prodiges éclatants de courage civil et un dévouement en quelque sorte sur-humain; et, de nos jours, les Desgenettes en Egypte, les Pariset en Espagne, etc., n'ont-ils pas laissé les plus beaux exemples à suivre ?

www.ingramcontent.com/pod-product-compliance
Lightning Source LLC
Chambersburg PA
CBHW060500050426
42451CB00009B/750